D1696053

Landschaften
in Mecklenburg-Vorpommern

Landschaften
in Mecklenburg-Vorpommern

mit Fotos von Thomas Grundner
und einem Text von Joachim Walther

HINSTORFF

Verlag und Autoren garantieren, dass es sich bei den Fotografien in diesem Buch um Originalaufnahmen handelt, die nicht digital verändert wurden.

Bibliographische Information Der Deutschen Bibliothek:
Die Deutsche Bibliothek verzeichnet diese Publikation in der Deutschen Nationalbibliographie; detaillierte bibliographische Daten sind im Internet über http//dnd.ddb.de abrufbar.

© Hinstorff Verlag GmbH, Rostock 2003
  Lagerstraße 7, 18055 Rostock
  Tel. 03 81 / 49 69 - 0
  Internet: http://www.hinstorff.de

Alle Rechte vorbehalten. Reproduktionen, Speicherungen in Datenverarbeitungsanlagen, Wiedergabe auf fotomechanischen, elektronischen oder ähnlichen Wegen, Vortrag und Funk – auch auszugsweise – nur mit Genehmigung des Verlages.

1. Auflage 2003

Herstellung: Hinstorff Verlag GmbH
Druck und Bindung: Neumann & Nürnberger, Leipzig
Printed in Germany
ISBN 3-356-01002-6

DAS WESEN DES SICHTBAREN

I

Dieser Text entsteht in Amerika, in Iowa, und das passt nicht schlecht: Auch hier hat die letzte Eiszeit die Landschaft gepresst, geschoben und geschliffen. Hier wie dort finden sich keine imposanten Wasserfälle, keine meilenweiten und kilometertiefen Canyons und keine schneebedeckten Gipfel, hier wie dort ist das Land sanft gewellt, gibt es in den Senken Tümpel, Teiche und auch große Seen, auch hier wird der Boden intensiv bebaut und wölbt sich über weiten Flächen ein großartiger Himmel voller Wolken und Wind. Und die Menschen sind sich ebenfalls ein wenig ähnlich: bodenständig, kräftig und tief innen freundlich. So finde ich hier vieles wieder, was ich in den achtziger Jahren für sieben Sommer und Winter in Mecklenburg gesucht und gefunden habe: einen Ort des Rückzuges, Raum und Zeit, zu arbeiten und sich zu sammeln.

Solche Landschaften waren und sind nichts für laute Eroberer, für schrille Selbstdarsteller, die einen Hallraum brauchen und applaudierendes Publikum, um sich selbst zu spüren. Hier gibt es nichts zu bezwingen, gibt es keine imposanten Sockel zum Sichselbsterhöhen, keine herausfordernden Felserektionen, keine reißenden Flüsse, keine undurchdringlichen Wälder, keine Extreme und keine Sensationen. Solche Landschaften lassen laute und außengeleitete Menschen unruhig werden, sie fühlen sich merkwürdig unbehaglich und auf sich selbst geworfen, wo sich nichts findet, weil alles, was sie sind oder scheinen, Echo ist und Reflex. Die Menschen jedoch, denen der Anblick einer Landschaft auch das innere Auge öffnet, blühen auf und gewinnen dem scheinbar Unscheinbaren etwas ab, da sie ihm etwas hinzutun in einem kreativen Akt.

Die Fotografie einer Landschaft, so sie denn nicht als purer Hintergrund von irgendwelchen gruppendynamischen Zufälligkeiten (etwa Familienpicknicks) geknipst worden ist, sondern wie in diesem Buch von einem, ich nenne es bewusst altmodisch: Lichtbildner, der auf den rechten Moment geduldig zu warten versteht, der auch das nicht Augenfällige sehen und die Stille hören, der das Geheimnis einer Landschaft, das nur ihr Eigene erfühlen kann, gerät zur Kunst. Es ist die Kunst, einen Schatten zu fangen, einen Lichtstrahl zu bannen, einen Augenblick zu verewigen und damit das Sichtbare sichtbar zu machen, ganz im Sinne Oscar Wildes, der meinte: *Das Geheimnis der Welt ist das Sichtbare, nicht das Unsichtbare.*

Die Chance des Mediums Fotografie liegt in der Fähigkeit, das Wesen des Sichtbaren zu offenbaren, seine Gefahr hingegen in der Versuchung, die Realität zu schönen. Der deutsche Kulturphilosoph Walter Benjamin – und in seinem Gefolge auch die amerikanische Essayistin Susan Sonntag – ging so weit zu behaupten, die Kamera an sich sei unfähig, ihren Gegenstand nicht zu verklären. Betrachtet man die irreal makellosen Airbrush-Körper der Playboy-Schönen oder die fotografischen Verführungsversuche der Werbung, so sind diese visuellen Inszenierungen keineswegs der Kamera an sich anzulasten, sondern der digitalen Manipulation und dem Interesse, etwas zu verkaufen. Ein Müllhaufen wird fotografiert nicht automatisch zur Hochzeitstorte, der Müllhaufen bleibt Müllhaufen, wenn es das Auge hinter der Kamera will. Die gegenwärtige Fotografie, gespickt mit Theorien von Pierre Bourdieu bis Vilém Flusser, hat sich längst vom anfänglichen Auftrag, ein analoges Bild der Welt zu liefern, emanzipiert und darf, wie die anderen Künste auch, mittlerweile alles: dokumentieren, reflektieren, interpretieren, inszenieren, sie dient der Werbung, der Illustration, leider auch der Propaganda, dem journalistischen wie juristischen Beweis, der Identifikation, kann aber eben auch künstlerische Vision sein. Das Foto als Kunstprodukt enthält einen ästhetischen Mehrwert, der dem zuteil wird, der als Betrachter das vom Fotografen Intendierte und im Bild Verdichtete, der die eingefrorene Vergänglichkeit des Augenblicks mit seiner schöpferischen Einbildungskraft aufzutauen versteht.

II

Mir schien immer, als ob am Himmel Mecklenburg-Vorpommerns Rilkes Verse aus seinem Requiem geschrieben standen: *Wer spricht von Siegen? / Überstehn ist alles.*

Und wen und was alles haben Land und Leute nicht überstanden, in sich ruhend, blinzelnd und mitunter leise fluchend? Die 48-jährige Heimsuchung durch die mittelalterlichen Dänen. Missernten, Hunger, Pest und Leibeigenschaft. Den Dreißigjährigen Krieg mit dem stolzen Wallenstein und den wenig zimperlichen Schweden. Die sechs Jahre während Franzosen-Zeit zu Anfang des 19. Jahrhunderts. Russische Truppen, die jedoch anno dazumal das Land stets wieder verließen. Ihre eigenen landesherrlichen Herzöge von Gottes Gnaden, denen nicht selten keine weitere Gnade zuteil geworden war. Den deutschen Kaiser, die kurze Republik von Weimar und dann zwölf Jahre den Führer aller Deutschen, der die Welt besiegen wollte und gottlob den Krieg verlor, worauf die Russen wieder nach Mecklenburg-Vorpommern kamen und dieses Mal für 44 Jahre blieben. (Mein Elektriker aus Domsühl, wir saßen in seinem Vorgarten und eine Kolonne der Roten Armee rumorte mit allerlei Kriegsgerät martialisch durchs Dorf, sagte: »Ja, ja, de Russen säuken den Utgang siet 1945, se finnen em nich wedder.«) Das alles, samt der 40 Jahre DDR und deren Ende, die turbulenten Wendezeiten und die Neugründung als Bundesland haben die Mecklenburger und Vorpommern überstanden.

Denk ich an Mecklenburg-Vorpommern, dann schließe ich die Lider und sehe seine Landschaften vor meinem inneren Auge geradeso wie auf den Fotos dieses Bandes. Ich sehe die weitgewellten, weiblich weichen Moränenzüge, die sich dehnen bis zum Horizont: Im Winter sind sie wie auf einer monochromen Grafik strukturiert von Ackerfurchen und von hineingewehtem Schnee, im Sommer zu korngelben, grasgrünen und erdbraunen Flächen gebreitet, deren Farben Sonne, Wind und Wolken ständig anders malen, so als sei das wechselnde Licht ein Organist, der auf der gewaltigen Orgel der Natur eine zugleich himmlische und irdische Messe spielt. Ich rieche die Kamille, sehe die Weißdornhecken am Rand der Felder, höre die Lerchen steigen und die Unken in den Söllen singen. Überhaupt: die Sölle! Einst von großen und langsam schmelzenden Eiskloben in den Boden gelocht, sind sie nun, wo sie nicht als Müllhalde missbraucht oder von besessenen Meliorierern zugeschoben worden sind, eingelassene Himmelsaugen in den Feldern und den Koppeln, belebt vom Spiegelspiel der Wolken und von allerlei Gekreuch und Gefleuch. Ich sehe die einzeln stehenden Bäume und die bewaldeten Inseln innerhalb der weiten Flächen: Buchen und Eichen vor allem, mitunter kultischen Ursprungs und im Innern bezahnt von Hünengräbern, andere in der Form rund oder oval gepflügt von den jahrhundertelang darum herumkurvenden Landwirten. In Sichtweite meines Ausbauhofes zwischen Kladrum und Goldenbow stand eine solche Bauminsel aus hohen Buchen, ihr alter Name war: das Runde Holz, und darin gab es echten Waldmeister, Pilze die Fülle, Stille und Schatten. Ich sehe die uralten, noch erhaltenen Alleen mit Buchen, Linden und Kastanien, die Kronen im Sommer vereint zu gotischen Freiland-Kathedralen. Die alten Kopfsteinpflasterstraßen mit dem Saum aus

Kopfweiden oder Pflaumenbäumen und den Feldrainen mit Wegwarte, Distel und Pferdekümmel. Die durch hartnäckige Pfützen, unbewegliche Findlinge oder sonstige am Wege liegende Zufälligkeiten gekrümmten Ackerwege mit den tief gefurchten Fahrrinnen, dem grünen Mittelstreifen und den stacheligen Büschen beiderseits, in denen es raschelt, zirpt und zwitschert. Sehe die Knicklandschaften mit den Feldhecken aus Haselnuss, Schlehdorn, Mehlbeere und Holunder, aus dessen weißen Blütendolden der Holundersekt gewonnen wird, der im Sommer köstlicher erquickt als jedes Produkt von Pepsi oder Coca Cola. Sehe die rapsgelben Feldteppiche im Frühjahr, die klatschmohnroten Raine im Sommer, die herbstlichen Nebelschwaden über See und Soll und die rauhreifglitzernden Bäume im Winter. Ich sehe die Küste der Ostsee, die in ihrer Länge von 1470 Kilometern und ihrer Vielfalt mit den Nehrungen und Buchten in einem Satz nicht zu beschreiben ist, sehe den urigen Darßwald, die weiten Sandstrände und steinigen Steilufer, die Dünen mit dem windgekämmten Strandhafer, sehe die Inseln Rügen, Usedom, Poel und Hiddensee und höre die Brandung, die Möwen, rieche das Salz und den Tang. Sehe die Seen, den Schweriner, den Plauer, den von Goldberg und natürlich die Müritz, sehe die Flüsse Elbe und Elde, die Recknitz, die Trebel und die Peene, vor allem die junge Warnow, die auch durch Kladrum fließt, und die Mildenitz mit ihren sumpfigen Erlenmäandern. Ich erinnere die bildhaften Ortsnamen wie Kiekindemark, Kukuk, Gottesgabe, Knüppeldamm, Schnatterei und die sprachverspielten auch: Tützpatz zum Beispiel oder Hallalit und Boldebux. Ich sehe die Städte mit ihren backsteinernen Domen, Klosterruinen, Stadttoren, Münstern, sehe die Giebel der Patrizierhäuser, sehe Stralsund, Wismar, Güstrow, Rostock und Schwerin und spüre noch heute den einstigen Schmerz über den Verfall der Altstädte, der nun gottlob gestoppt ist.

Vor allem aber ich sehe das dem Lande Mecklenburg-Vorpommern tatsächlich direkt von Oben Geschenkte: seinen unvergleichlich weiten Himmel, der eine zweite Landschaft ist, eine Landschaft für Träumer, die sich ständig wandelt, ein luftiges Studio, das aus Tages- und Jahreszeiten, Luftdruck, Wind und Wolkenformationen einen sich niemals wiederholenden Endlosfilm herstellt und auf die gewaltige Natur-Leinwand projiziert: den honiggelben Riesenkürbis des Mondes im Juni, dramatisch und schwarzblau aufgetürmte Gewitterwolken im schwülen Hochsommer, Sonnenauf und -untergänge, glasklare Milchstraßennächte, in denen man glaubt, schwerelos im All zu schweben.

Doch zurück zur Erde, wo normalerweise nichts vom Himmel fällt, doch durch Arbeit so manches in den Schoß. Learning by doing: Was habe ich in meinen mecklenburger Jahren nach der Methode nicht alles gelernt? Wie man aus Beinwell, auch Schweinekraut genannt, ein spargelähnliches Gemüse herstellt, oder einen Salat aus Löwenzahn, jungen Brennnesseln und Sauerampfer. Wie man einen Hasen schlachtet, einen Lämmerschwanz kupiert, ein Pferd longiert und reitet, eine Ziege melkt, Schafe tüdert. Wie man aus Sauerkirschen oder schwarzen Johannisbeeren einen im Schädel recht hochtourig drehenden Wein gewinnt. Wie man Bäume beschneidet, eine Sense dengelt, aus Kiefernschleten Koppeln baut, Heu macht, Kartoffeln setzt, wie man mit dem Spaten rückenschonend gräbt, Gras mäht mit der Sense, mauert, hobelt und rigolt. Wie tief man Spargel pflanzt oder Bohnen legt, welchen Boden welche Pflanze braucht, was eine Ziege mag und eine Katze nicht. Wie man im Herbst für den Winter vorsorgt, wie man die Wetterzeichen des Himmels liest oder den Flug der Schwalben deutet. Was einen Habicht von einem Bussard unterscheidet und was die echte Kamille von der unechten. Wie die Kraniche im Frühjahr beim Zwischenstopp trompeten, wie sich ein Wasserfrosch anhört und wie eine Rotbauchunke. Wie man lernt, geduldiger zu werden und zu akzeptieren, dass alles seine Zeit hat und braucht: der Wuchs der Pflanzen und der Tiere. Oder auch der angesagte Handwerker, der im Norden immer etwas später kommt und länger braucht als angenommen. Wie man lernt, darob nicht zu fluchen, sondern sich zu sagen: Kommt er heute nicht, so kommt er morgen, und so fort. Wie man durch Zurückhaltung Vertrauen und Freunde gewinnt, wie man insgesamt zu einer Gelassenheit findet, die nicht mit Trägheit oder gar Faulheit zu verwechseln ist, und eben jene Ungeduld verliert, die eine chinesische Fabel so schön beschreibt: Einem Bauern wuchs sein Reis zu langsam, also ging er auf sein Feld und zog die Pflanzen ein wenig in die Höhe – mit dem Ergebnis, dass sie alle verdarben.

Das alles hab ich auf dem Land gelernt, und ich fand, das war im Ganzen nützlicher und vor allem erfreulicher als vieles andere, was ich vordem zu lernen gezwungen worden war. Und daran hielt ich fest, auch wenn die Freunde, die in der Stadt geblieben waren und dort Karriere machten, über meine Verbauerung, wie sie sagten und damit schon so etwas wie Verblödung meinten, sichtbar oder unsichtbar die Nasen rümpften. Ich hingegen amüsierte mich im Stillen, wenn deren Frauen beim Anblick einer Kreuzspinne oder beim Geraschel einer Maus unter den Dielen hochfrequente Töne von sich gaben, oder wenn ich meinen avancierten Freunden einen Spaten in die Hand drückte und sie das Blatt mit einem demonstrativ saft- und kraftvollen Tritt bis zum Anschlag in die Erde traten, dann den Griff dank ihrer Kenntnis der Hebelgesetze ganz oben packten, mit einem imposanten Ruck zu sich rissen – und der Spatenstiel natürlich krachend brach. Nach dem dritten Stielbruch empfahl ich ihnen, auch in meinem ureigenen Interesse, doch lieber die Hängematte oder die Kaffeetafel im Garten, wo es sich unfallfrei disputieren ließ und sie meinem Rückzug in die vermeintliche Idylle weiter ironisch kommentieren konnten.

Dabei war und ist Mecklenburg-Vorpommern weniger Idylle als vielmehr Natur, mehr Feld als Garten, eher rauh als lieblich, mehr herausfordernd denn bequem. Es sind Anstrengung und vor allem Zeit nötig, etwas über diese Landschaft zu erfahren. Ihr spröder Charme drängt sich nicht auf, sie will befragt sein, doch ohne forsche Neugier.

Ein wenig Interesse ist auch nötig, die Geschichte dieser Landschaft und ihre Geschichten zu finden. Das Renaissanceschloß Güstrow beispielsweise steht da in der Stadt wie ein schläfriger und wenig gesprächiger Steinquader und hatte doch über die Jahrhunderte ein ziemlich bewegtes Innenleben, war herzoglicher Wohnsitz, dann die Residenz von Wallenstein, hiernach Zwangsanstalt für die Untertanen, Lazarett und Landesarbeitshaus, schließlich Museum, Bibliothek und Restaurant.

Vielleicht ist Schläfrigkeit nicht das rechte Wort: Fontane findet in seinen BRIEFEN AUS MECKLENBURG die schöne Wendung von der *satten Wehmut*, die ein eigentümlicher Gemütszustand sei und nur in Mecklenburg vorkomme. Es ist dieser gedämpfte Rhythmus, diese gelassene Umständlichkeit, die wir bis heute in diesem Landstrich vorfinden und die Mecklenburgs Ruf als sicheren Hort der Rückständigkeit begründete: Reichskanzler Bismarck meinte und wurde damit viel zitiert, er werde, bevor der Weltuntergang komme, in den Norden ziehen, denn dort passiere alles hundert Jahre später. Und in der Tat, so manches Alte hielt sich hier besonders zäh: die ständische Kleiderordnung beispielsweise bis ins 19. Jahrhundert, auch die Leibeigenschaft bis 1820 und darüber hinaus. (Nach ihrer endgültigen Abschaffung, dies nebenbei und mit einem Seitenblick auf 1989, schrieb ein Chronist, seien die Menschen *froher, tätiger, physisch und sittlich besser* geworden und es sei *ein höchst wohltätiger Einfluß auf den Wohlstand* festzustellen.)

Mit Emeuten, Umstürzen oder gar Revolutionen war es hier über die Jahrhunderte nicht weit her. In Mecklenburg wie auch in Pommern saß die Ritterschaft, die nach dem alten Grundsatz wirtschaftete: Einen Ochsen vor den Pflug und einen dahinter!, fest in ihren Herrenreitersätteln und selbst nach 1848 noch sehr kommod auf ihren angestammten Gütern. Von der ganzen Revolution blieb in Mecklenburg nach dem Freienwalder Schiedsspruch von 1850 nur das eine errungene Recht übrig, öffentlich Tabak rauchen zu dürfen! Auch die Einklassenschule und die Prügelstrafe hatten hier ein langes Überleben, sodass Fritz Reuter als Paragraph I der Mecklenburgischen Landesverfassung vorschlug: *Und allens bliwwt bi'n Ollen.* Nur einmal war Mecklenburg schneller als andere deutsche Lande: Als Georg Christoph Lichtenberg 1789 fragte, warum Deutschland kein öffentliches Seebad habe, und Cuxhaven empfahl, begann man innerhalb von vier Jahren zuerst in Heiligendamm mit dem Bau eines solchen; und das war für damalige Zeiten – und für Mecklenburg zumal – nahezu rasant.

Freilich blieb so ziemlich alles, was man baute und begann, etwas kleiner und karger als anderswo. Man vergleiche Größe und Fassadengliederung der Patrizierhäuser von Wismar und Lübeck oder die von Rostock und Bremen. Manches wurde gar so klein, dass es das Entrée ins historische Kuriositätenkabinett errang: so die Universität von Bützow, die ein Herzog namens Friedrich aus gekränkter Eitelkeit 1760 gründen ließ und die Zeit ihrer knapp dreißigjährigen Geschichte nie mehr als 90 Studenten eingeschrieben hatte. Oder man nehme den »Goldenen Saal« des Schlosses Ludwigslust, wo die korinthischen Pilaster, die Säulen, Ranken, Vasen, das Gitterwerk samt der Plastiken aus Pappmaché gefertigt sind: barocke Pracht aus Pappe. Oder eben: Armut macht erfinderisch! Auch Güstrows Bürgerschaft wusste sich dereinst zu helfen: Hinter der vorgeblendeten klassizistischen Schaufassade des repräsentativen Rathauses verbergen sich fünf einfache Giebelhäuser, das machte etwas her, sparte jedoch Abrissmühen und Neubaukosten.

Selbst in unmittelbarer Nachbarschaft gab es einiges Historisches zu entdecken. In Goldenbow gleich nebenan beispielsweise ein mächtiges Steinzeitmonument, seiner Form wegen Teufelsbackofen genannt. In Frauenmark ein ehemaliges adeliges Frauenstift und noch eins davon in Dobbertin. In Severin, zwei Dörfer weiter, wurde 1931 auf dem Gut des damaligen Bundesführers des völkischen Landesvereins der furchtbare Joseph Goebbels zu fruchtbarer Ehe getraut.

Überall Spuren, Ruinen, verfallene, brennnesselüberwucherte Höfe, verwehte Biografien. Am Dorfrand, in einer baufälligen Kate, wohnte mit zehn Katzen eine alte, ziemlich derangierte Dame, gemeinhin nur Evchen genannt, die als ein wenig verrückt galt, jedoch die Tochter eines einst bedeutenden Unternehmers war und wahrhaft bessere Zeiten gesehen hatte, nun jedoch enteignet, verarmt und nach hier verschlagen, die in ihren Erinnerungen lebte und keinen Anschluss fand an die sogenannte neue Zeit. Ein paar Fotos hatte sie noch: sie mit Hut am Steuer eines offenen Mercedes Ende der zwanziger Jahre, sie in Frankreich, wo sie kochen lernte, die Villa ihres Vaters, das großbürgerliche Hochzeitsfoto, in Uniform ihr Mann, der im Krieg geblieben war. Und Bücher: Franz Werfel, Theodor Däubler, Hermann Hesse, da kannte sie sich aus und lebte auf, wenn jemand kam, der Nietzsche nicht für den Genossen Nitzsche von der Abteilung Landwirtschaft beim Rat des Kreises hielt.

Auch der eigene Hof gab nach und nach seine Geschichte preis: Beim Abriss einer Zwischenwand im Balken eingebeilt fand ich die Jahreszahl 1863, die das Baujahr war. Nach und nach erfuhr ich auch einiges vom vorigen Besitzer. In den zwanziger Jahren aus Holstein zugewandert, entwickelte sich der Familienbetrieb zu einem der größeren, gutgeführten Höfe in der Gegend, 1945 brannten alle Scheunen und Ställe nieder und nur die beiden ausladenden Kastanienbäume retteten das Wohnhaus vor den Flammen. Dann kam die böse Zeit der fünfziger Jahre mit staatlich festgelegtem Soll und drakonischen Strafen: Im Mai 1953 wurde auch der Bauer vom Moss-Soll, Ausbau 1, verhaftet, weil er, welch kriminelle Handlung eines Bauern!, eines seiner Schweine geschlachtet hatte, kam jedoch dank des Arbeiteraufstandes vom 17. Juni, der den ostdeutschen Stalinisten ziemlich in die Knochen gefahren sein musste, mit einem blauen Auge davon. Sieben Jahre später überrollte die Zwangskollektivierung auch den Norden, aus dem Einzelbauern wurde ein Genossenschaftsbauer, und weil keine Wahl blieb und er im Ort anerkannt war als kundiger Landwirt wurde er Vorsitzender und blieb es lange Jahre. Beim Verkauf des Hofes gab er sich äußerst wortkarg, und wir brauchten Jahre, bis ein Vertrauen entstand und er über den Hof und sein Leben sprach.

Überstehn ist alles …

Auch ein Blick in alte Tagebücher holt wieder hervor, was vergangen, doch nicht vergessen ist. Ich weiß noch, wie mich meine Berliner Freunde unverhohlen mitleidig ansahen, als ich 1983 mit Sack und Pack von dort nach Mecklenburg, in die Provinz, ihrer Meinung nach: ins Provinzielle zog. Aus dem folgenden Sommer finde ich folgende Notiz:

Lob der Provinz: Mir scheint, als ob der Rückzug aus der selbsternannten großen Welt in die sogenannte kleine weniger Einschränkung denn Erweiterung bedeutet. Der ruhigere und genauere Blick in den Mikrokosmos eröffnet tiefere Perspektiven in den Makrokosmos. Letztlich hingen nach einem Sommerregen Schnüre von Tropfen am Zaun, die Sonne brach durch die Wolken und machte diese Tropfen für einen kurzen, wunderbaren Augenblick diamenten blitzen und gleißen. Vergänglich der Einfallswinkel des Lichts, die Tropfen selbst, aufleuchtend und vergehend wie Leben.

Oder vom Herbst des gleichen Jahres:

Beim Blick aus meinem Giebelzimmer auf eine weite menschenleere Landschaft voller Wind, seh ich, daß der nichts sehen kann, der alles schon gesehen glaubt, daß der nichts hören kann, der sich nicht übt, selbst im oft Gehörten das Unerhörte wahrzunehmen, daß der nichts Neues finden und empfinden kann, dem alles und jeder zu klein und nichtig ist, seine Zeit daran zu verschwenden, daß der nichts lernt, der alles schon zu wissen meint, und der des Höheren nicht habhaft wird, der sich nicht selber hat.

Hier auf dem Land wird das immer Wiederkehrende zur unerhörten Begebenheit: der Wechsel der Jahreszeiten, das Wachstum der Pflanzen, das Vermehren der Tiere. Das Leben bekommt den Rhythmus der Natur auferlegt, wichtiger als kalendarische Vorgaben werden Ereignisse wie die Ankunft der Lerchen, die Geburt der Lämmer, Süßkirschenzeit und Apfelernte.

Über dieses ländliche Phänomen reflektierte und schrieb in seiner Novelle DIE GÄNSE VON BÜTZOW auch Wilhelm Raabe: *In Bützow an der Warnow ist mir ganz allmählich das Kleinste zum Größesten und das Größeste zum Kleinsten geworden, und wenn ich von meinem Museo aus den Gang der Dinge betrachte, so gehört es nicht zu den geringsten Vergnügungen zu sehen, wie der Spaß den Ernst ablöset und wie die Welt ein gar jokoses und amüsantes Theatrum sein kann, vor welchem nur die Allerweisesten und die Allerdümmsten mit unbewegter Miene sitzen dürfen.*

Ich war weder der Allerweiseste noch, so hoffe ich zumindest, der Allerdümmste, sodass ich nicht vermochte, das mitunter traurige Theater um mich herum mit unbewegter Miene nur anzuschauen. So notierte ich im gleichen Sommer:

Mit dem Fahrrad zu den Fischteichen zwischen Goldenbow und Frauenmark: Die einst ausgedehnten, wohlgepflegten und ertragreichen Karpfenteiche verschilfen, die Forellenanlage verschlammt. Eine resignierte 74-Jährige füttert die Forellenbrut der letzten Teiche. Direkt neben der Quelle die Müllkippe des Ortes: Müll auf eine Quelle – welch ein gewaltiges und gewalttätiges Bild! Wenige Meter davon ein Ursteingrab der urzeitlichen Trichterbecherleute, die hier einst siedelten. Dies alles als Wahrzeichen der Epochenabfolge und Geschichte eines Niederganges: von den aufwendig in die Landschaft gebetteten Gräbern der Vorväter (dem Mythos) über die schonend genutzte Natur durch Adel und Bürger (die Vernunft) hin zur Vergesellschaftung von Mensch und Natur (die Verwahrlosung). Das gleiche Bild bei den Viehzuchtanlagen für die RGV [realsozialistisch für Rinder: rauhfutterverzehrende Großvieheinheiten]: rohe Ziegel, grob gefugt, krumm und schief, Eternitplatten, Pappdach, alles unkrautumwuchert, die häßliche Gleichgültigkeit. Die Feldwege verschwunden: Um Nutzfläche zu gewinnen, fährt man nun übers Feld, oftmals nach Regen drei tiefgefurchte Fahrspuren im Nutzacker – mehr Landverbrauch als durch den früheren Landweg. Die wenig verbliebenen verkrauten und wachsen zu, als ob sie sich vor der sozialistisch genannten Landwirtschaft verbergen wollen.

Oder:

Die DDR-typische Barackenkultur mit dem allerorts gleich häßlichen Wellasbest, Eternit, dem unverputzten Grau, diese ärmlichen und ästhetisch undiskutablen Provisorien, die republikweit das jahr-

hundertelang Gewachsene und Bewahrte zerstören, Windmühlen, Ausbauhöfe, die gesamte alte Infrastruktur: Landwege, Ackerhecken, Biotope, das alles ist trotz der ideologischen Trommelei im Kern Resignation. Gleichwohl behauptet eine Losung am derart grauen Rinderstall der Genossenschaft im Nachbardorf, weißblätternd auf rot verblichenem Grund: Der Sozialismus siegt! Die billige Brüchigkeit des Materials indes weist weiter in die Zukunft als die so plakativ ausgestellte und angeordnete Siegesgewissheit.

Wer spricht von Siegen …

Doch von der Notdurft der vier Jahrzehnte DDR wieder zur reichen Kunst der Werte und der Bilder. Es gab im Laufe der Jahrhunderte etliche Maler und Literaten, die in Mecklenburg und Vorpommern geboren worden waren oder die hier ihre Motive und Stoffe fanden: den großen Caspar David Friedrich und Philipp Otto Runge, Georg Friedrich Kesting und vor allen Ernst Barlach, der auch begnadet schrieb (das Schilf im Wind beispielsweise malte er in seinem GÜSTROWER TAGEBUCH mit den Worten: […] *in seiner immer gleichen seidigen Eigenheit schamhaft selig* […]), vor ihm Fritz Reuter, dem nach wie vor unangefochtenen Lokalmatador des Nordens, der es fertigbrachte, das »Mäkelborger Platt« in die Hochliteratur zu führen, und dazu John Brinckman, Friedrich Spielhagen, Ehm Welk, Hans Fallada und Walter Kempowski.

Einer jedoch, aufgewachsen in Güstrow, hat die Landschaft des Klützer Winkels zwischen Grevesmühlen und Mecklenburger Bucht, dessen Historie und Menschengeschichten als Teil fürs ganze Mecklenburg so detailgenau, einfühlsam und sprachmächtig beschrieben, dass nicht wenige Experten meinen, er sei der bislang Größte derer, die sich Mecklenburg zum Gegenstand genommen haben: Uwe Johnson. Wer über das Gewesene nicht nur etwas wissen, sondern dessen Wesen sinnlich erfahren möchte, der lese Johnson. Vor allem die Romantetralogie JAHRESTAGE, in der die Protagonistin Gesine Cresspahl ihrer Tochter 1967/68 in New York die Familiengeschichte erzählt und damit einen Bogen schlägt von den dreißiger Jahren in Mecklenburg bis zum Vietnamkrieg und dem Prager Frühling. Ein Auszug aus dem ersten Band, wobei das literarische Jerichow Klütz meint:

Nebenher war der März 1933 eine Jahreszeit in Jerichow. Der Wind mochte von der See her in die Stadt stehen, in ihm flatterten doch Strähnen mit von ausgeruhter Erde, von kommender Blüte. Da waren Möven in der Luft, verspielte Flieger. Dicke fette Tauben wärmten sich in Lee der Schornsteine, ließen sich in müßige Gleitflüge abrutschen, beschissen die lange rote Fahne auf dem Rathausdach. Die Spatzen ließen alle Leute wissen, daß für sie gesorgt war. Das Licht machte die Ziegel warm, strich den Putz des Rathauses gelb, machte das ergraute Holz der Hoftore lebendig. Wer dahin sah, kam leicht auf den Einfall, es sei nichts kaputt. Es wird schon werden. Das treckt sick trecht.

Und für den, dem selbst dieser kurze Auszug noch zu lang ist, nur ein Satz: *Hinter dem Haus stand ein schwarzer Baum voller Amseln.* Oder doch zwei, um die Stimmung ganz zu haben: *Nach Süden, Westen, Norden hin war es leer um den Hof. Nur der Wind sprach.*

Nur der Wind sprach …

III

Obwohl auf den Fotos kaum Menschen zu sehen sind, soll hier doch etwas über sie geschrieben werden, da sie diese Landschaft geprägt haben wie sie von ihr geprägt worden sind.

Es gibt etliche literarische Anläufe, das Eigenartige der Mecklenburger zu beschreiben. Dabei scheint auch zu gelten, was Siegfried Kracauer mit Blick auf die fotografische und wissenschaftliche Verfahrensweise konstatierte: dass nämlich beide ein unerschöpfliches Universum zu ergründen suchen, dessen Ganzheit sich ihnen jedoch für immer entzieht. Auch die Mecklenburger sind ein Universum, ein zwar nicht sehr fernes, doch schwer einsehbares allemal.

Erstaunlich nahe ist dem Phänomen der 1930 in Parchim gestorbene Schriftsteller und Volkskundler Johannes Gillhoff in seiner Schrift LAND UND LEUTE DER GRIESEN GEGEND gekommen. Nun kann freilich die Griese Gegend westlich von Ludwigslust nicht für ganz Mecklenburg-Vorpommern herhalten, zumal Fritz Reuter deren besondere Kargheit in seiner URGESCHICHT VON MECKELNBORG unfähigen Erzengeln *(sei huddelten doräwer he un muddelten wat taurecht)* zuschrieb, die *nich naug Leim mang den Sand* gemischt hätten. Doch ein wenig Griese Gegend scheint überall.

Johannes Gillhoff also: *Dem Bauern ist Phantasie durchweg fremd, wenig ausgebildet auch der Sinn für des Hauses und des Lebens Schmuck. Die harte Arbeit ließ ihm wenig Zeit dazu. In allem ein Bauer, der im Grünen wurzelt, aber nicht ins Blaue hineingreift. […] Von jener großen Gelassenheit, die nur jahrhundertelanger zäher Arbeit auf dürftigem Boden als bestes Erbteil erwächst. Bedächtig im Zugreifen, langsam im Denken, langsam im Reden, langsam im Handeln. Nichts vom Augenblick erwartend, aber zäh durchhaltend und nicht von dem ablassend, was er sich vorgenommen hat zu tun. Herb und schwer wie sein Land. Vielleicht als slawisches Erbteil ein Schuß Mißtrauen im Blut. Ohne viel Gefälligkeit des ersten Entgegenkommens. Vielmehr jenes verhaltene Zögern und Aufwarten, das Menschen und Vorschläge an sich herankommen läßt. ›Freundschaft‹ steht dort ausschließlich für Verwandtschaft. Freundschaft in dem uns üblichen Sinn will dort mehr als anderswo erworben sein. Hat man sie auch gewonnen, dann bleibt sie wertbeständig in Not und Tod. Dann erschließt sich auch – in kargen Worten – zuweilen das so unsagbar zarte, weiche Gemüt, durch dessen Tiefe unbekannte Ströme rauschen. In den eckigen Köpfen ist viel Klugheit des Lebens aufgespeichert.*

Das ist so scharf wie liebevoll beobachtet und beschrieben, und etliches davon findet sich trotz des Ganges der Zeiten, der selbst um Mecklenburg-Vorpommern keinen Bogen machte, auch noch heute, manchmal sogar in schönster und ursprünglicher Reinheit.

Uwe Johnson bescheinigte seinen Mecklenburgern eine gewisse Umständlichkeit und einen Zwang zur Genauigkeit, interessanterweise eben jenen, den wir auch in seiner Literatur finden. Hinzu käme *eine steinerne Versteckmiene des Schabernacks*. Wer meint, die Mecklenburger seien humorlos, nur weil sie selten schallend lachen und sich dabei die Schenkel schlagen, der irrt gewaltig. Ihr Humor ist lediglich verborgen, allerdings so gut, dass es manchem schwerfällt, einen solchen überhaupt zu entdecken.

Eine weitere lobenswerte Eigenschaft scheint dem Schnellzüngigen auf den ersten Blick eine gedankliche Schwerfälligkeit, die zu keinem Ende kommt. Weit gefehlt zum zweiten Mal: Das Nachdenken braucht hier lediglich etwas länger, was jedoch den unschätzbaren Vorteil hat, dass solcherart gewonnene Einsichten und Überzeugungen sehr viel haltbarer sind als die verbalen und womöglich moralischen Volten eines schnellzüngigen Zeitgenossen.

Einen derart untergründig verlaufenden Denkprozess beschreibt Johnson in seinen JAHRESTAGEN so: *Ende Juni hatte Papenbrock sich angewöhnt, zu beliebigen Gelegenheiten den Kopf zu schütteln und zu sagen: Nè. Bei den ersten Malen hatte er damit das ganze Gespräch am Eßtisch unterbrochen. Dann begriff seine Familie, daß er nur für sich seine Gedanken zusammenfaßte.*

Von solch langsam gewonnener Beständigkeit kann auch ich ein Loblied singen. Als ich vor Jahren meine Stasi-Akte las, sah ich, dass die Firma Horch & Guck auch in meinem Dorf aktiv geworden war, um zu meiner umfassenden Betreuung inoffizielle Mitstreiter zu werben. Dabei kamen sie auch zu einem Melker von der LPG, mit dem ich nach üblicher anfänglicher Zurückhaltung allerdings mittlerweile einen schwunghaften Naturalienaustausch der Art betrieb: Bock gegen Zippe, Bretter gegen Zement oder Rüben gegen Tüderpflöcke. Der nun sagte den Werbern des Generals Mielke auf die Frage, ob er denn, da er mich und meinen Hof ja ganz gut kenne, nicht ein paar Informationen über mich geben wolle, sagte also (und dabei ist nicht nur die Begründung an sich bemerkenswert, sondern auch und besonders deren Reihen- und Rangfolge): Nö, das mach ich nicht, denn der ist gut zu seinen Tieren und zu seiner Frau (das Ganze natürlich in Niederdeutsch: Nee, dat dau'k nich, hei hett sien Diere leif un grad so sien Fru)! Ich bin dann nach der Aktenlektüre nach oben gefahren und habe ihm dafür gedankt. Das war ihm freilich ungeheuer peinlich.

Noch eine Geschichte aus jenen Jahren. Wir saßen bei heftigem Dauerregen in der Küche, als es plötzlich über uns derart heftig krachte, dass wir meinten, einer der Russenhubschrauber aus Parchim, die unseren Hof und den Dorfkirchturm als Übungsziele für ihre Sturzflüge nutzten, sei uns aufs Dach gefallen. Als wir die Tür zum Dachboden aufgestemmt hatten, sahen wir die Bescherung: Der Lehmschornstein samt angeschlossener Räucherkammer, über hundert Jahre alt und von beachtlichem Volumen, war in sich zusammengesackt, im Dachfirst klaffte ein großes Loch, der Dachboden war mit Lehmhaufen und Ziegelbruch dermaßen übersät, dass wir allein Tage gebraucht hätten, um ihn freizuräumen, ganz zu schweigen vom Aufmauern eines neuen Schornsteins. Am nächsten Tag, es war Sonntagvormittag und die Sache hatte sich offenbar im Dorf herumgesprochen, tuckerten zwei Trecker samt Hängern und etwa zwanzig männlichen Dorfbewohnern auf den Hof, worauf in drei Stunden der Dachboden freigeräumt war. Einer bot an, seine Beziehungen zu Schornsteinklinkern (DDR-Mangelware) spielen zu lassen, ein anderer gab uns wertvolle Tipps zu Zement und Steinen, ein weiterer kannte eine Feierabendbrigade von Schornsteinmaurern, kurzum, nach 14 Tagen stand der Schornstein wieder. Dabei kam die unerwartete Hilfe auch von Männern, die uns sonst nur sehr knapp gegrüßt hatten (siehe Gillhoff: *ohne viel Gefälligkeit des ersten Entgegenkommens*), mit einem Wort: Ich war sprachlos, und das bin ich, recht besehen, auch noch heute.

Ein Problem aber war der Alkohol, das heißt, für mich. Auf den jährlichen Dorffesten im Herbst hatte ich mit jedem, den ich kannte (und das wurden von Jahr zu Jahr langsam immer mehr), obligatorisch ein Bier und einen Braunen zu trinken. Der braune Fusel mit dem erhabenen Namen »Goldsiegel« gab mir regelmäßig den Rest, sodass ich auf dem etwa drei Kilometer langen, nächtlichen Rückweg die buckelige Kopfsteinpflasterstraße mehrfach der Länge und der Breite nach vermaß.

Auch war so mancher unangesagte Besuch aus dem Dorf nicht ganz ungefährlich, besonders dann, wenn auf eine Naturaltransaktion oder ein sonstiges harmloses Geschäft »einer« getrunken werden musste, wobei es nie dabei blieb, da man bekanntlich auf einem Bein nicht stehen kann, und ich nach Stunden trotz hellsten Sonnenscheins den Rest des Tages im heftig schlingernden Bett verbrachte, indes meine Besucher, zwar etwas steifer als vordem, doch im Ganzen aufrecht vom Hofe schritten – oder auch fuhren.

Und die Dorfgeschichten rankten sich nicht selten auch darum, zum Beispiel die von der Schnapsdrossel Anita. Anita, die, wenn sie arbeitete, im Schweinestall der Genossenschaft arbeitete, war, von wem auch immer, unübersehbar hochschwanger, sodass die Genossenschaft ihr eine finanzielle Zuwendung gab, um ihre verlotterte Behausung auf das Baby vorzubereiten. Anita jedoch ging damit schnurstracks in »Die Linde« und setzte das Babygeld in Bier und Braune um, bis es am Tresen eines schönen Abends so weit war und die herbeitelefonierte Schnelle Medizinische Hilfe sie mit Blaulicht zur Entbindung nach Parchim fuhr, wo sie mit 1,9 Promille im Blut ein Frühchen gebar und nach zwei Tagen um Entlassung bat, um, man ahnt es schon, wieder »Die Linde« aufzusuchen, was sie auch die nächsten Tage tat, als sie eines Nachts ein mitfühlender Mittrinker aufforderte, sich doch mal um ihr Kind zu kümmern, worauf sich Anita vom Wirt die Telefonnummer der Geburtsstation geben ließ, dort anrief mit den verbürgten Worten: »Herr Dokter, kann ik mal min Gör sprechen?« und, als der Stationsarzt am anderen Ende offenbar nur zu einem konsternierten Stottern fand, den Hörer wieder mit dem Schnapsglas tauschte.

Doch gab es in Mecklenburg selbstverständlich auch Geburtsgeschichten anderer, gehobenerer Art: In dem Nest Ankershagen nordwestlich von Neustrelitz beispielsweise war von 1769 bis1772 der am Kummerower See geborene Johann Heinrich Voss Hauslehrer auf dem Gutshof, jener Voss, der später die homerischen Epen in deutsche Hexameter setzte, die dann 50 Jahre später im Pfarrhaus Ankershagen ein Junge namens Heinrich Schliemann las und hier seinen Traum vom verschollenen Troja gebar, den er dann mit 48 Jahren in Hissarlik aus der Erde grub.

IV

Um noch einmal auf Iowa zu kommen: Es hat mit Mecklenburg-Vorpommern auch ein Problem gemeinsam. Als hier vor 150 Jahren die Siedler aus Europa kamen, erschien ihnen die scheinbar endlose Weite der Tallgrass-Prärie als eine feindliche Wildnis, worauf sie die Indianer samt der Bisons und Elche vertrieben oder töteten und den fruchtbaren Boden unter ihre Eisenpflüge nahmen, um Mais für ihre Rinder und Schweine anzubauen. Das riesige Biotop Prärie verschwand und mit ihm gingen hunderte spezifischer Pflanzen, über 350 Vogelarten, nahezu 100 verschiedene Säugetiere, Scharen von Amphibien, Reptilien, Fischen und tausende von Insektenarten dahin. Vor ein paar Jahren nun wuchs die Erkenntnis, dass der Reichtum durch den Mais erkauft war mit dem Verlust der Prärie, die diesen Reichtum erst ermöglicht hatte, worauf man getreu dem amerikanischen Grundsatz: Think big! beschloss, die zerstörte Prärie wieder einzurichten. Man sammelte viel Geld und kaufte bei Prairie City von Farmern ein beachtliches Stück Land, gründete das Neal Smith National Wildlife Refuge mit einem Prairie Learning Center und begann, die alte Prärie zu renaturieren mit allem, was da ursprünglich wuchs und lebte. Heute grast dort schon im Tallgrass der American bison und man hofft darauf und arbeitet daran, dass auch Kurzohreule, Taschenmaus, Präriehuhn und Elch eines Tages zurückkehren: *Then we can all say »Welcome back!«*

Nun ist zwar bislang niemand in Mecklenburg auf die Idee gekommen, den Zustand des ursprünglich von Lutizen, Linonen, Obotriten, Wagriern, Polaben, Zirzipanen und anderen slawischen Stämmen besiedelten Landes vor der deutschen Kolonisierung wiederherstellen zu wollen, also etwa die Zeit um 1200, doch immerhin ergriffen einige beherzte Naturschützer im Verbund mit einigen ausnahmsweise weitsichtigen Politikern unmittelbar vor der deutschen Wiedervereinigung die seltene Chance, gegen manchen Widerstand insgesamt mehr als 25 Prozent der Gesamtfläche Mecklenburg-Vorpommerns unter Natur- und Landschaftsschutz zu stellen. In diesem Punkt steht das Bundesland auf Platz eins der Bundesrepublik.

So gibt es heute neben hunderten Landschaftsschutzgebieten und Flora-Fauna-Habitaten drei Nationalparks. Die sich ständig wandelnde Vorpommernsche Boddenlandschaft mit der Halbinsel Darß-Zingst und Hiddensee, seinen Windwatten, Sandhaken, Nehrungen, Kliffs, Stränden, Dünen und dem größten europäischen Kranichrastplatz. Die Müritz, den größten deutschen See inmitten der Mecklenburgischen Seenplatte, mit großzügigen Endmoränenketten, Mooren, Sanderflächen, Wiesen. Und der kleine, aber feine Nationalpark Jasmund auf Rügen mit den seit Caspar David Friedrich so berühmten Kreidefelsen Königsstuhl und Stubbenkammer.

Dazu kommen sechs Naturparks. Das Mecklenburgische Elbetal mit Weichholzauen, Feuchtgrünland, Bracks und aktiven Binnendünen. Die Feldberger Seenlandschaft mit den »Heiligen Hallen«, dem größten zusammenhängenden Buchenwaldgebiet Europas mit über 300 Jahre alten und bis zu 45 Meter hohen Bäumen. Die Nossentiner-Schwinzer Heide mit ihren in die Wälder eingelassenen Seen, von denen einige so klar sind, dass man sechs Meter tief sehen kann. Usedom in Deutschlands äußerstem Nordosten mit Ostseeküste und Boddengewässern, mit Hoch- und Niedermooren und Kliffranddünen. Weite Teile von Rügen, Deutschlands größter Insel, die so reich gegliedert ist, dass sie nahezu alles hat, was das Auge entzückt. Und der Naturpark Mecklenburgische Schweiz und Kummerower

See mit seinen für Norddeutschland nahezu gigantischen Erhebungen bis 128 Meter, dazu gibt es gratis Strauchmoränen, Riesen-Schachtelhalme, imposante einzelstehende Eichen, Fischotter und Biber, Schlösser und Parks.

Schließlich die zwei Biosphärenreservate. Südost-Rügen mit der Halbinsel Mönchgut, dem Inselkleinod Vilm, Granitz und Greifswalder Bodden, wo man auf kleinstem Raum so ziemlich alles finden kann, was die Ostseeküste zu bieten hat: Großsteingräber, Burgwälle, alte Dorfkirchen und Landstraßen, Bauernhöfe, Fischerhütten, weite Sandstrände und schilfgesäumte Boddenufer. Und das Biosphärenreservat Schaalsee in Westmecklenburg, dem tiefsten Klarwassersee Norddeutschlands, dem die abgeschiedene, innerdeutsche Grenzlage über 40 Jahre kurioserweise zum Segen wurde für seine reiche Flora (Seeadler, Kranich, Rohrdommel, Bartmeise, Fischotter) und Fauna (Sonnentau, Wollgräser, Sumpfporst, Königs- und Rippenfarne sowie etliche Orchideenarten).

Einige der Fotos zeigen auch diese geschützten Landschaften, die die Schönheiten Mecklenburg-Vorpommerns eindrucksvoll fokussieren als einmalige und verletzliche Kostbarkeiten.

Fotografien jedoch, so künstlerisch und handwerklich vollendet sie auch sein mögen, können die Schönheit lediglich aufzeigen und optisch konservieren. Die Landschaften schützen und bewahren können Fotografien nicht.

Das müssen die tun, die sie auch gefährden, und das sind nun mal wir.

Joachim Walther
Grinnell, Iowa, Frühjahr 2002

Bei Wittenbeck

Wildapfelbaum bei Stubbendorf

Schlehenhecke bei Lehsen

Erlenbruch im Müritz-Nationalpark

21

Landschaft bei Kaarz

23

24

Mischwald bei Tessin

Rest eines Hudewaldes bei Gramstorf

Warnowtal bei Warnow

27

Borgsee im Biosphärenreservat Schaalsee

Techiner See

Quellental bei Bad Doberan

Buchenwald mit Buschwindröschen bei Bad Doberan

Wildkirsche in der Rostocker Schweiz

Rostocker Schweiz bei Fresendorf

Tramser See bei Warin

35

36

Bei Vollrathsruhe

Landschaft bei Moltzow

Insel Usedom, Krebssee

Insel Usedom, Wolgastsee

40

Balmer See und Achterwasser bei Neppermin, Insel Usedom

Balmer See bei Neppermin

Insel Rügen, an den Wissower Klinken

An den Wissower Klinken

Insel Hiddensee, Weide bei Grieben

Insel Hiddensee, Blick vom Dornbusch zur Insel Rügen

Blick von der Insel Rügen bei Lauterbach auf die Insel Vilm

Insel Vilm

Landschaft bei Schwerin

Landschaft bei Rederank

Landschaft bei Panschenhagen

Landschaft bei Kuchelmiß nahe Krakow

Feldweg bei Sommerstorf

Landschaft bei Kleefeld

Landschaft bei Püschow

Warnow bei Zaschendorf

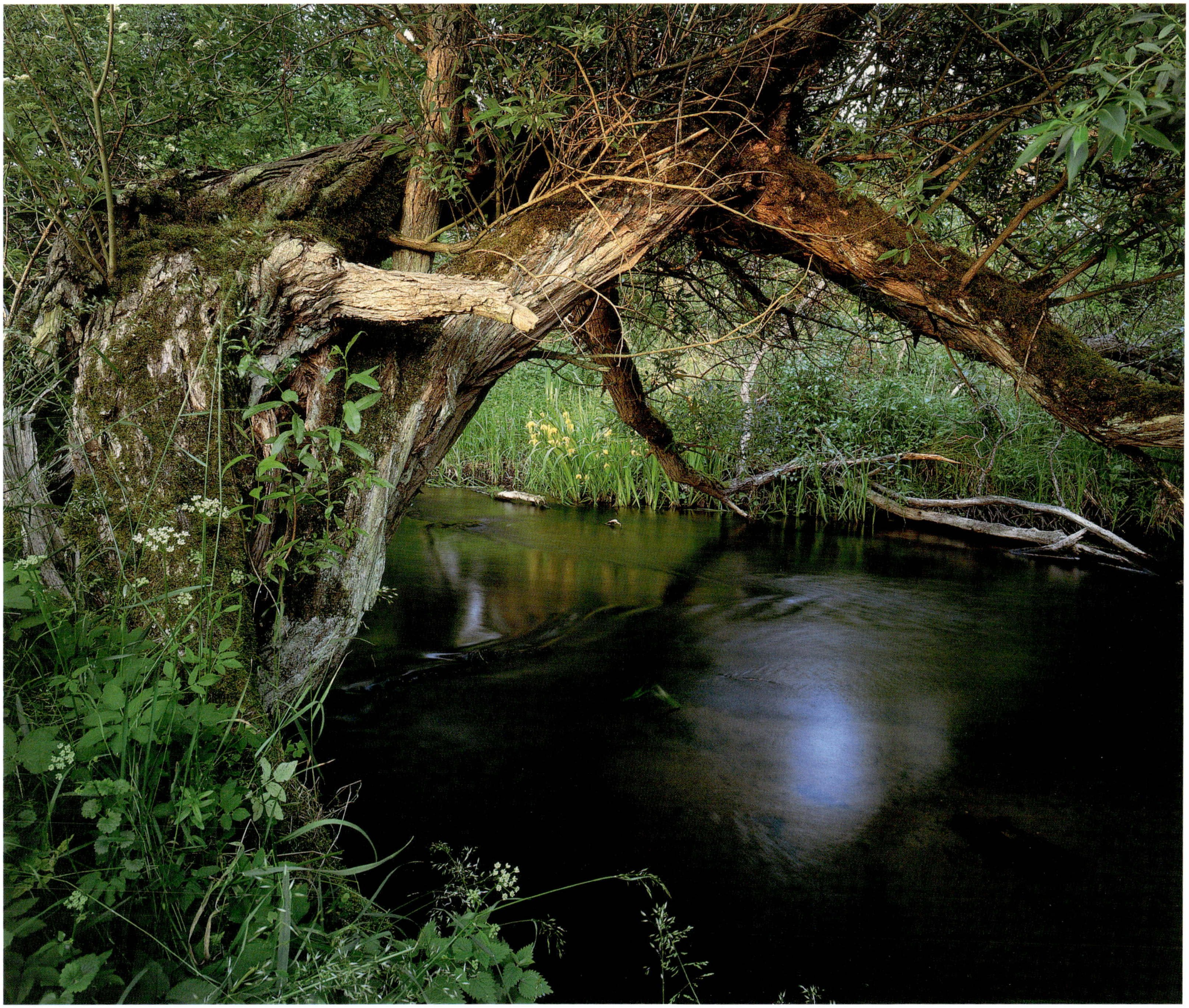

Schwaan an der Warnow

Tribsees an der Trebel

Insel Hiddensee bei Kloster

Greifswald

Gespensterwald an der Steilküste bei Heiligendamm

63

Düne mit Kiefern auf der Insel Hiddensee

Heidelandschaft auf der Insel Hiddensee

Blick vom Swantiberg (Insel Hiddensee) auf die Ostsee

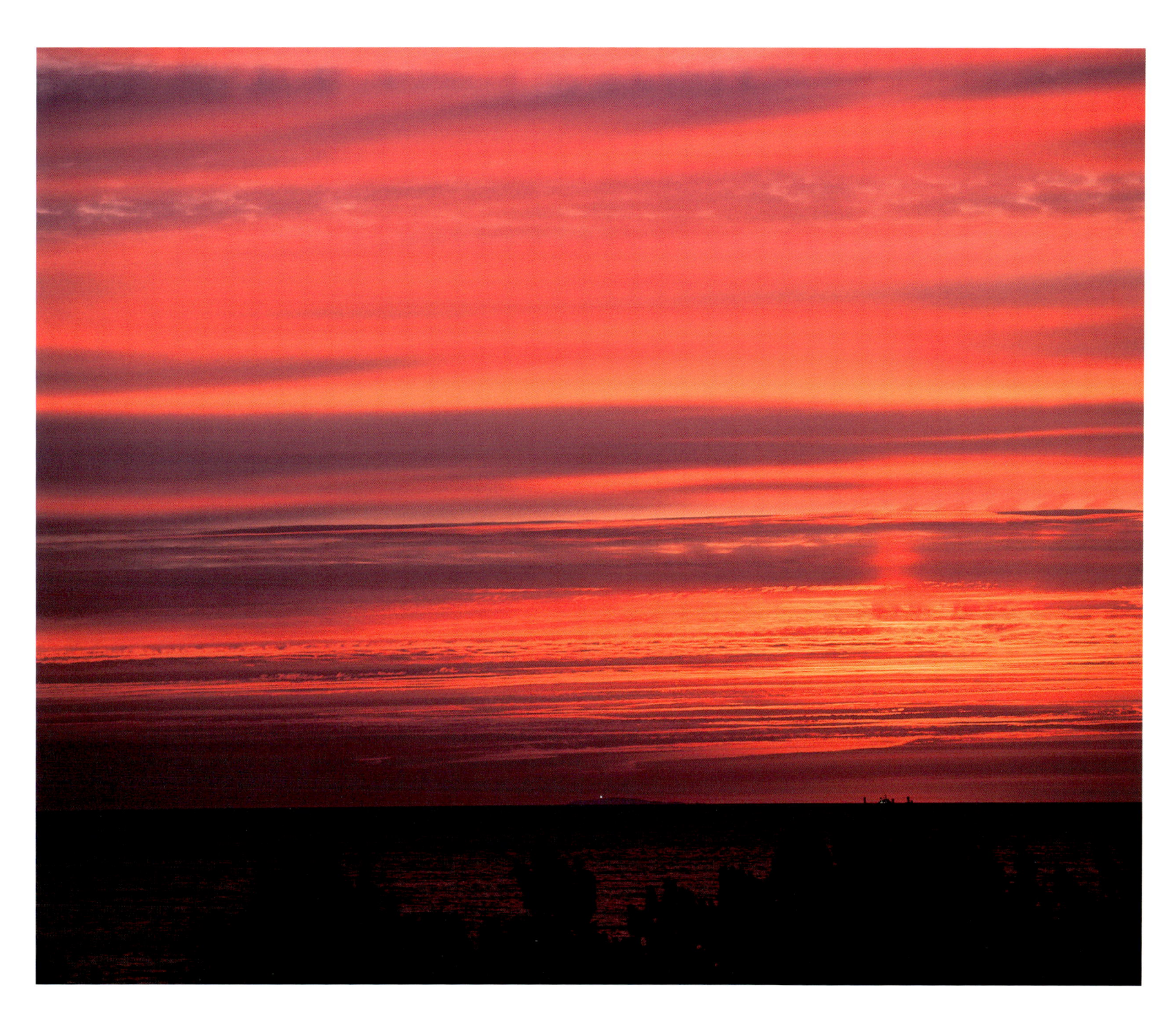

Blick von Prerow Richtung Hiddensee

Küste bei Heiligendamm

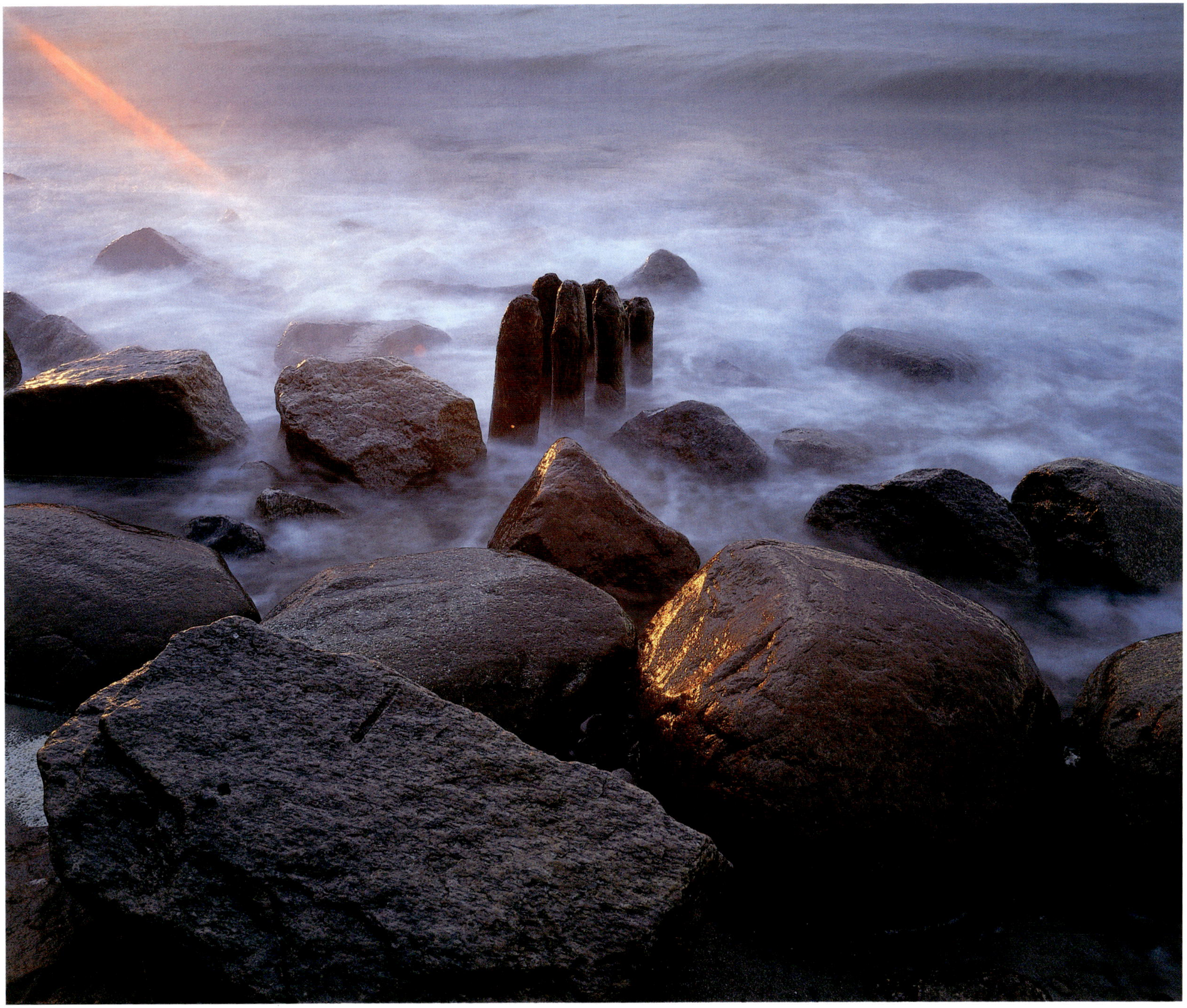

70

Darß, Weststrand

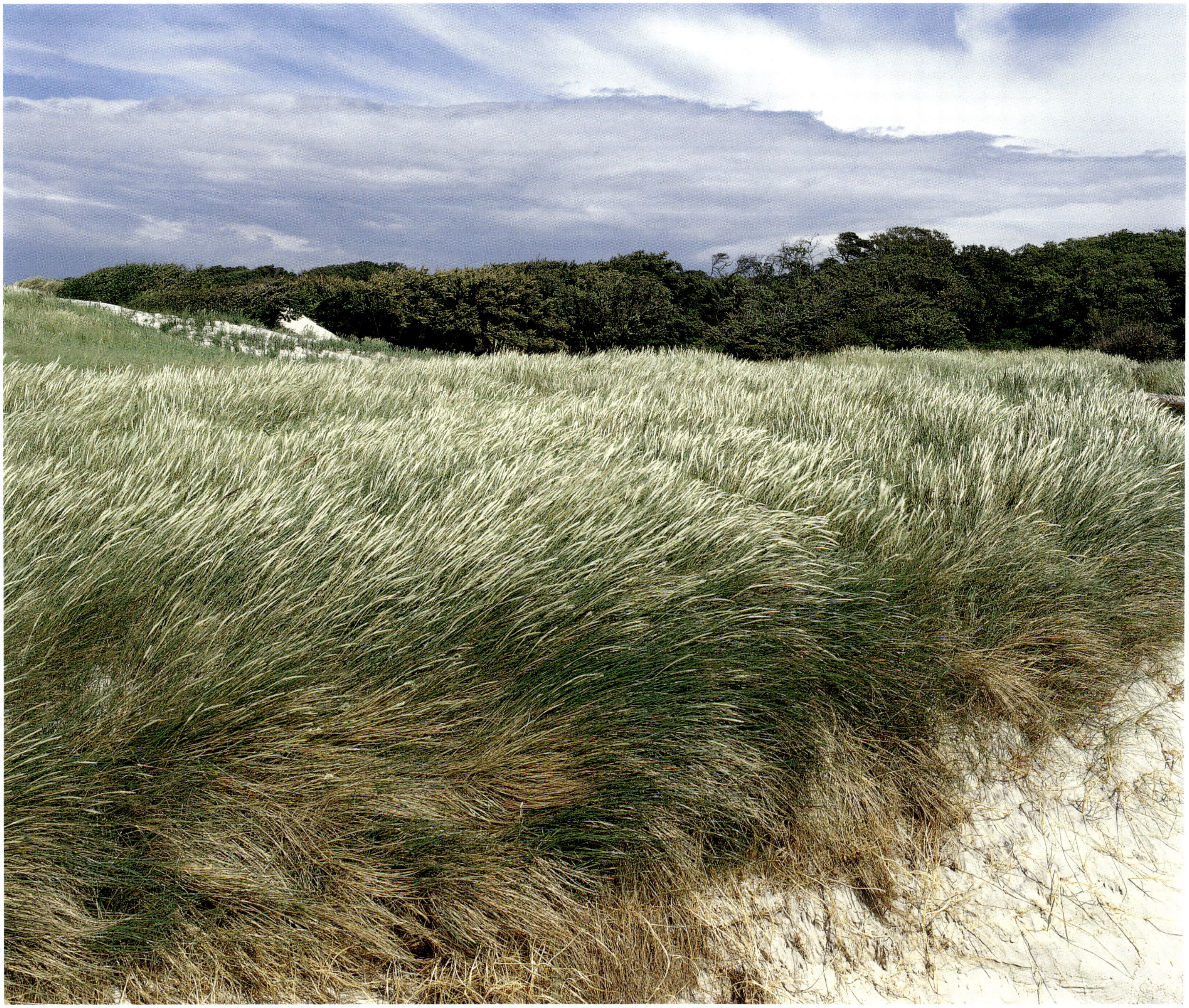

Insel Rügen, Viktoriasicht

Insel Rügen, Königsstuhl

»Hohe Düne« bei Zingst

Darß, Weststrand

Bei Burg Schlitz

Blick vom Dachsberg auf Marnitz nahe Parchim

Die Elde bei Parchim

Kiefern auf dem Dornbusch, Insel Hiddensee

Kiefern am Hochuferweg, Insel Hiddensee

Naturwald auf der Insel Vilm

Verlandungsbereich am Schweingartensee, Müritz-Nationalpark

Blick vom Kirchturm in Röbel auf den Müritzsee

Landschaft bei Gneve am Müritzsee

Landschaft bei Prebberede

87

Malchiner See bei Dahmen

89

Landschaft bei Bastorf

Landschaft bei Rerik

92

Warnowdurchbruch bei Eickhof

Kastanienallee bei Lancken-Granitz auf der Insel Rügen

Kastanienallee bei Feldberg

Hügelgräber Woorker Berge auf der Insel Rügen

97

Eichen bei Burg Schlitz

Blick vom Röthelberg bei Burg Schlitz

Breiter Luzin, Feldberger Seenlandschaft

Breiter Luzin

Schmaler Luzin

Blick vom Hauptmannsberg auf den Carwitzer See

Die Elbe bei Dömitz

Landschaft bei Dömitz

Alte Weide am Ivenacker See

Schweriner See bei Schloß Wiligrad

Landschaft bei Bastorf

Ostseeküste bei Heiligendamm

Strand bei Heiligendamm

111

Darß, Weststrand

Darß, Windflüchter am Weststrand

114

Am Zickerschen Höft auf der Insel Rügen

Findlinge am Zickerschen Höft

Weiden bei Wietzow

Landschaft bei Kamin

Bei Kamin

Landschaft bei Kamin

121

Teich bei Retschow, Landkreis Bad Doberan

Alte Eichen bei Burg Schlitz

Dorfteich von Hohenfelde, Landkreis Bad Doberan

Teich bei Rheinshagen

Kopfweiden bei Vorder Bollhagen

Landschaft bei Vorder Bollhagen

Lärchenwald bei Suckow, Insel Usedom

Fichtenwald bei Suckow

Landschaft bei Hinzenhagen

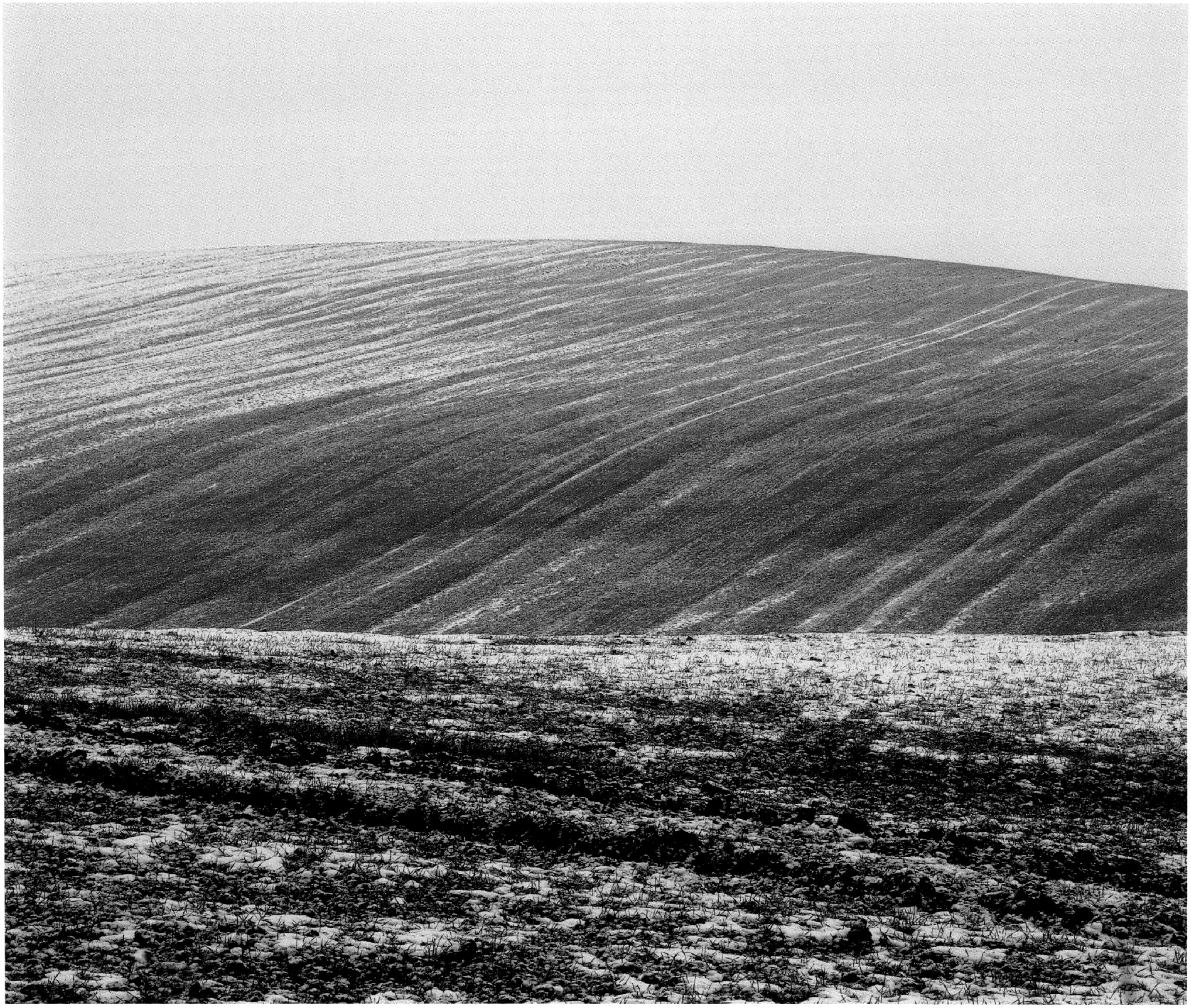

131

132

Darß, Weststrand

133

134

Wissower Klinken, Insel Rügen

Kieler Bach und Kreideküste, Insel Rügen

Darß, Weststrand